Manuel Neila

CONOCIMIENTO DEL HOMBRE

*Aforistas españoles del resurgimiento
(1945-2000)*

Apeadero de Aforistas

cypress
CULTURA

1ª ed., junio de 2024

Diseño de portada: José Luis Trullo

Thema: DS (Literatura: historia y crítica)

Una iniciativa de Apeadero de Aforistas
www.apeaderodeaforistas.es

Edita: Cypress Cultura
www.cypress.com.es

© Manuel Neila
© Cypress Cultura

ISBN: 978-84-128625-4-6
Depósito legal: SE 1409-2024

IMPRESO EN LA UE

ÍNDICE

PRELIMINAR

La tradición aforística española presenta hitos memorables, seguidos de hiatos prolongadísimos. Figuras como Séneca, Gracián o Bergamín pertenecen, sin duda, al elenco de aforistas universales. Al mismo tiempo, los periodos de esplendor del género más breve son interrumpidos por largas temporadas de silencios clamorosos, en las que la escritura aforística brilla por su ausencia, como las que siguieron a la época latina –con Marcial y Séneca a la cabeza– y al barroco hispánico –con Álamo de Barrientos y Baltasar Gracián como figuras indiscutibles–. Esta alternancia permite que hoy podamos hablar de un sorprendente resurgimiento contemporáneo del género, en el que sobresalen Antonio Machado, Juan Ramón o el referido José Bergamín, entre otros.

Por su naturaleza proteica y anfibológica, el aforismo es un género literario para tiempos de crisis, como el Barroco, el Romanticismo o el convulso siglo XX. El aforismo moderno aparece a principios del siglo XVII, momento en que se produce lo que Stephen Toulmin llama "segundo Renacimiento", como principio de ciencia o, al decir de Francis Bacon, como método de conocimiento innovador que supera el estatismo del pensamiento sistemático (Bacon, 1988: 47-48). Las ideas del filósofo y político inglés pudieron difundirse en España a través de los tacitistas españoles, particularmente en el *Tácito español ilustrado con aforismos* (1614), de Baltasar Álamos de Barrientos, sacadas de los casos de la Historia y destiladas en la alquitara del pensamiento político y diplomático de la época, como advierte Antonio de Covarrubias en la aprobación liminar del libro (Álamos, 1987: 15). Ya sea a través de Francis Bacon, ya sea a través de Álamos de Barrientos, lo cierto es que a partir de 1614 la denominación *aforismo* se impondrá en ciertos ámbitos europeos y, particularmente, españoles, en el sentido que hoy empleamos el término.

Tras dos siglos de clamoroso silencio –y en ausencia de un movimiento romántico a la altura del europeo, que concediera al aforismo el sitio que le dieron los Schlegel, Novalis, Lichtenberg o Joubert en el conjunto de la escritura fragmentaria–, la aforística española experimentó un evidente resurgimiento durante la primera mitad del siglo XX, vinculada en esta ocasión no tanto a la ciencia y la historia, como a la filosofía y a la literatura, cuyos efectos iban a dejarse sentir a partir de la Segunda Guerra Mundial, a lo largo de la segunda mitad del siglo y hasta nuestros días. Si descontamos algunos precedentes curiosos, como pueden ser los de Manuel Balbontín, Armando Palacio Valdés, Manuel del Palacio o Ramón de Campoamor, la nómina de quienes consolidaron el género durante la llamada

Edad de Plata incluye autores de diferentes generaciones: Santiago Ramón y Cajal, Miguel de Unamuno, Jacinto Benavente y Antonio Machado (generación del 98); Rafael Barrett, Álvaro de Albornoz, Juan Ramón Jiménez, Eugenio d'Ors y Ramón Gómez de la Serna (generación del 14); José Bergamín, José Camón Aznar, Rafael Porlán, Rafael Dieste, José Gaos, Enrique Jardiel Poncela, Ramón J. Sender y Max Aub (generación del 27).

La Guerra Civil Española, seguida de la Segunda Guerra Mundial, produjo una ruptura definitiva con la tradición moderna y dio lugar a lo que ha dado en llamarse época posmoderna. Durante el desolado periodo de posguerra, cuyas consecuencias llegan hasta nuestros días, se agudizó la denominada crisis de la mentalidad burguesa, con la consiguiente transformación social y la fragmentación del imaginario colectivo, todo lo cual supuso, entre otras muchas cosas, la necesidad imperiosa de revisar el humanismo tradicional, esa "tradición velada" del pensamiento español, según Francisco José Martín, a la que se vincula la escritura aforística (Martín, 1999). En su excelente monografía *La lógica del fósforo. Claves de la aforística española*, el profesor Demetrio Fernández Muñoz propone una lectura de la escritura aforística más reciente, la que se produce a partir de los años ochenta, en clave posmoderna. Pero el aforismo contemporáneo es posmoderno… y no lo es. O dicho con sus palabras: "Le toca no serlo" (Fernández, 2020: 336).

En esta intervención, voy a continuar el camino que ha dejado abierto el profesor alicantino, mediante una concisa interpretación de la aforística española contemporánea no tanto en clave posmoderna, como en su impronta humanista.[1] Por una parte, pretendo abrir el foco a toda la segunda mitad del pasado siglo XX, incluyendo las diferentes generaciones en su devenir; y por otra, quiero situar la aforística contemporánea en el marco de la filosofía hispánica del sentido, al hilo de los nuevos humanismos que se sucedieron con el correr de los años: el *fraccionado*, de Enrique Tierno Galván; el *situado*, de Carlos Castilla del Pino; el *fronterizo*, de Eugenio Trías, y el *pragmático*, de Ramón Eder.

---

[1] El término "humanismo" se aplica a los aforistas agrupados en este estudio porque ellos han logrado relacionarse de una manera o de otra con los distintos movimientos humanistas que se sucedieron durante la segunda mitad del siglo XX. Por otra parte, todos ellos han prestado una atención especial al tema del humanismo: *Sobre el humanismo* de José Luis López Aranguren, *Humanismo y sociedad* de Enrique Tierno Galván, *Humanismo "imposible"* de Carlos Castilla del Pino, *Humanismo impenitente* de Fernando Savater *y La tradición velada* de Francisco José Martín, entre otros muchos.

PRIMERA GENERACIÓN DE POSGUERRA
ENRIQUE TIERNO GALVÁN

Los primeros años de la posguerra española fueron tiempos sombríos. Estuvieron marcados por la precariedad económica, la represión política, el aislamiento internacional y una censura férrea en todos los ámbitos de la cultura. El oficio de escritor conoce años inciertos. Se ha hablado, y con razón, de una literatura doblemente escindida: por una parte, entre "el exilio" y "el interior"; por otra parte, entre una "literatura arraigada" (Luis Rosales, Leopoldo Panero) y otra "literatura desarraigada" (Gabriel Celaya, Blas de Otero), marcadas ambas por la angustia y la desesperanza. La Segunda Guerra Mundial no fue sino el epílogo de un conflicto largamente anunciado. Cuando dijo que después de Auschwitz no tenía sentido seguir escribiendo poesía, Theodor W. Adorno era consciente de que la inhumanidad había corroído todas las instituciones imaginarias de la sociedad. Lo que vino después, en lo que atañe al mundo de la literatura, fue la lenta, esforzada y progresiva reconstrucción de todos los elementos que componen la comunicación humana: la realidad material, el sujeto creador, la obra creada y el sujeto receptor. Esa reconstrucción se llevó a cabo de manera sucesiva en cuatro fases o etapas temporales bien diferenciadas.

Una vez terminada la contienda, los escritores españoles de la llamada *generación del 36* (o de la guerra), volvieron a sus ocupaciones y reanudaron a duras penas sus tareas intelectuales y artísticas, interrumpidas de manera dramática entre los años 1936 y 1939. Frente al generalizado "descrédito de la realidad" se impone la "realidad como arte". Para atenernos al campo específico de la escritura aforística, es preciso diferenciar entre los exiliados (Juan Gil-Albert, Ramón de Garciasol) y aquellos que permanecieron en el país (Tomás Seral y Casas, Juan Eduardo Cirlot, Gloria Fuertes y Enrique Tierno Galván). Por otro lado, cabe distinguir entre quienes se limitaron a seguir la línea abierta por Ramón Gómez de la Serna y sus "greguerías" (tal fue el caso de Tomás Seral y Casas o Gloria Fuertes), aquellos que optaron por dejar sus aforismos en las páginas de diarios íntimos y cuadernos de notas (así lo hicieron Juan Gil-Albert o Ramón de Garciasol) y aquellos otros que cultivaron el aforismo *stricto sensu* (muy principalmente Juan Eduardo Cirlot y Enrique Tierno Galván). El caso de este último es particularmente significativo, pues enlaza con los creadores del aforismo español moderno, los llamados *tacitistas* del Siglo de Oro.

Profesor, político y escritor madrileño, Enrique Tierno Galván (Madrid 1918-1986) fue una figura poliédrica, cuya trayectoria biográfica resulta inusual para la época. Tras su primera incursión en el género ensayístico, con *Formas y modos de vida en torno a la Revolución de 1848* (1950), publicó ensayos no académicos como *Sociología y situación* (1955), *Introducción a la sociología* (1960), *La realidad como resultado* (1955 y 1958), escrito en forma aforística y relacionado muy estrechamente con su traducción del *Tractatus logico-philosophicus* de Wittgenstein, y *Acotaciones a la historia de la cultura occidental en la Edad Moderna* (1964), una interesante compilación de escritos fragmentarios que utilizaba de ordinario en sus clases. Especial difusión alcanzaron las colecciones de artículos *Desde el espectáculo a la trivialización* (1961), *Anatomía de la conspiración* (1962), escrito durante su exilio en Princenton, *Humanismo y sociedad* (1964) y *La humanidad reducida* (1970). Entre sus últimas obras cabe destacar: *Sobre la novela picaresca y otros escritos* (1974), *Democracia, socialismo y libertad* (1977), *Divulgación del neopositivismo lógico* (1977). Es autor, asimismo, del *Preámbulo de la Constitución española de 1978* y de unas memorias, *Cabos sueltos* (1981), recibidas con algunos reparos.

Autor de libros fragmentarios, entre los que destaca el citado *Acotaciones a la Historia de la cultura occidental en la Edad Moderna* (Madrid, Tecnos, 1964), Enrique Tierno Galván compuso un libro de aforismos de indudable interés, posiblemente el primero que aparecía en España tras la

13

Segunda Guerra Mundial, bajo el título *La realidad como resultado*. Publicado en un número doble del *Boletín Informativo del Seminario de Derecho Político* (nº 13-15, noviembre-diciembre de1956; enero-abril de 1957, pp. 99-156), el volumen conoció una segunda edición, revisada y ampliada en la editorial universitaria de Puerto Rico La Torre en 1966, a la que nos remitimos en los comentarios que siguen. Ambas ediciones constan de dos partes, pero mientras que la primera edición agrupa 112 notas o aforismos en la primera parte y 65 en la segunda, la edición revisada consta de 134 notas o aforismos en la primera parte y 72 en la segunda. Respecto al ordenamiento de los aforismos que componen el libro, tuvieron algo que ver José Luis Fernández de Castillejo, autor de varios trabajos sobre Wittgenstein, en la primera edición, y Jorge Enjuto, profesor de filosofía en la Universidad de Puerto Rico y gran conocedor de la obra de Whitehead, en la segunda.

El conjunto de aforismos que constituyen *La realidad como resultado* está relacionado, por una parte, con la temprana lectura que Enrique Tierno hizo del denominado "tacitismo" español, y muy principalmente con su traducción del *Tractatus logico-philosophicus* de Ludwig Wittgenstein (Madrid, Revista de occidente, 1957), la cual supuso un punto de inflexión en la trayectoria intelectual y humana del escritor madrileño, al tiempo que

14

significó un paso decisivo en la introducción del positivismo lógico en la menesterosa España de posguerra. "Con esta traducción –escribe en la Nota del traductor– ponemos en manos del lector español un libro que ha ejercido y ejerce una influencia, a nuestro juicio, decisiva en el campo de la filosofía actual" (Wittgenstein, 1957). En cuanto a la importancia que él mismo otorga a *La realidad como resultado* en el conjunto de la obra propia, el autor se refiere a ese compendio de aforismos con agrado en el prefacio a *Escritos 1950-1960*, y afirma sin ambages que "recoge ideas que constituyen el armazón firme sobre el que se han ido superponiendo lentamente otras que no contradicen las posiciones fundamentales" (Tierno, 1971).

En un tiempo marcado por la *inhumanidad*, el de la segunda posguerra europea, los escritores y artistas vuelven la vista atrás, al humanismo tradicional, para saber lo que ese movimiento cultural tenía de incumplido, y que pudiera ser objeto de profecía. Surgen así los nuevos humanismos: el existencialista, el marxista, el cristiano, etc. A diferencia del humanismo personalista de Laín Entralgo o del humanismo ético de José Luis Aranguren, el autor de *La realidad como resultado* parte de la impugnación del humanismo clásico, en particular, de aquellas *convicciones* que considera incompatibles con el mundo coetáneo, como señala en el ensayo "Humanismo y sociedad", publicado originalmente en el *Boletín Informativo del Seminario de Derecho Político*, que utilizó como medio de opinión, en 1963. Rechaza, pues, que la inteligencia signifique algo superior a la capacidad operativa, que sea una facultad incondicionada o que se asocie con la sensibilidad para el entendimiento estético del mundo. Se opone, asimismo, al aristocratismo intelectual, a la centralidad de la persona humana y a la herencia tradicional utilizable. Por último, rechaza otra convicción humanística que, en cierto modo, anima y sostiene a las demás: que la cultura engendra entusiasmo. A su leal saber y entender, estas convicciones han contribuido a mantener el mundo moderno, fraccionado entre dominadores y dominados.

Esas convicciones humanísticas, compatibles con una sociedad escindida en clases sociales, le sirven de punto de partida para indagar las condiciones antagónicas que pudieran hacer posible un *humanismo nuevo*, "en al ámbito fraccionado del capitalismo actual o en proceso de transformación" (Tierno, 1964b: 62). A partir de ahí establece lo siguiente: que la inteligencia es operacional y el humanismo debe ser un operador, que la sensibilidad o el buen gusto son antagónicos a la comunicación, que la inteligencia es condicional y condicionante. Dicho en sus términos: "Inteligencia es una palabra que designa mi capacidad para comprender, que puedo formular, aplicar e innovar respuestas

16

respondiendo a los estímulos" (18, *Inteligencia*). Considera, por otro lado, que el subjetivismo, la aristocracia y la tradición unitaria han de ser contempladas en el marco de un mundo fraccionado. Por último, y a su parecer, el nuevo humanismo ha de luchar contra la idea de cultura en cuanto engendradora de entusiasmo. "El humanismo –concluye el escritor madrileño, en línea con el positivismo lógico del que parte– ha de estar al servicio de la ciencia que transforma la naturaleza desde saberes cuya estructura es la verificación experimental matemática al nivel más alto en cada situación" (Tierno, 1964b: 68-69).

El positivismo estricto de Tierno Galván no carece, con todo, de una retórica propia. Como los humanistas clásicos, sabe que pensamos en palabras: "El pensamiento no es distinto del lenguaje, sino en la medida en que el lenguaje produce esta distinción" (39. *Lenguaje y pensamiento*). Emplea, sobre todo, las antinomias lingüísticas y las antítesis conceptuales. Como los tacitistas del Siglo de Oro español, recurre al ensayo y, particularmente, al aforismo como procedimientos retóricos, en tanto que técnicas de disociación. "En esencia –afirma Thomas Mermall– el aforismo constituye para Tierno un instrumento de definición exacta, economía de pensamiento y rigor y precisión intelectuales" (Mermall, 1978: 118). Se trata, en efecto, de un aforismo científico, en la tradición inglesa de

Francis Bacon y no en la tradición hispánica de nuestro Baltasar Gracián. Ahora bien, a diferencia del humanista inglés, evita el lenguaje figurativo, cromático, renuncia al empleo de la metáfora y la imagen, que considera recursos propios de la metafísica y la literatura, de las que intenta alejarse. Diferencia con claridad entre el pensamiento científico, el filosófico y el literario; pues, mientras que la función de la ciencia es *explicar* y la de la filosofía *convencer,* la de la literatura consiste en *seducir.*

AFORISMOS

La realidad es un resultado. Resultado y realidad son equivalentes. La realidad es en la medida en que resulta.

Inteligencia es una palabra que designa mi capacidad para comprender que puedo formular, aplicar e innovar respuestas respondiendo a los estímulos.

Imaginación es una palabra que capacidad para hacer nuevas combinaciones de formas, símbolos o significados.

El pensamiento no es distinto del lenguaje, sino en la medida en la que el lenguaje produce esta distinción.

Todo lo que no sea finito no es verificable. Sólo es verificable su inverificalidad.

Los juicios de valor expresan la estimación según un sistema de seguridad.

La división más amplia del saber teórico que ha de sustituir a la vigente es esta: Ciencia y Estética.

Decimos que los animales hacen cosas. El hombre hace obras. Sólo el hombre hace de la obra razón de una nueva obra. A esto llamamos complicación. La convivencia es en gran parte complicación.

El lenguaje ha ido creando lo que designa la palabra objetividad.

Es un hecho que hoy en Occidente la libertad tiende a identificarse con las posibilidades de bienestar. Se es más libre cuanto mejor se vive.

La cultura incluye en sí la reconstrucción de la naturaleza.

La convivencia es una relación conflictual continuamente superada.

Todo comportamiento tiende por su propia mecánica a hacerse automático.

Nuestro interés radica en la información más que en el placer y la alegría.

El amor es un resultado cultural.

Hay un momento límite en la experimentación en el que se perciben respuestas sin forma.

La diferencia de homogeneidad muestra la individualidad; ser yo es distinto a los demás que son como yo.

La reflexión sobre el poder lleva al poder como hecho.

La moral práctica consiste en conseguir el bienestar.

El bienestar define la libertad y la moral.

GENERACIÓN DEL 50
CARLOS CASTILLA DEL PINO

Durante los años 50 se produjo un cambio significativo en la sociedad y en la cultura españolas. Tuvo lugar una apertura política hacia el exterior con la entrada de España en la ONU (1955), al tiempo que se inicia la liberalización de la censura. Surgieron los primeros movimientos universitarios y obreros. Y el Plan Nacional de Estabilización Económica (1959) propiciado por el gobierno dio lugar al incremento del paro obrero y la emigración de los menos favorecidos. El progresivo desarrollo industrial y la aparición del turismo situaron al país en el concierto de las naciones europeas. Paralelamente, la oposición al régimen se intensificó, incluso desde los sectores católicos, influidos por el Concilio Vaticano II, que tenía por objeto prioritario la relación entre la Iglesia y el mundo moderno. El incremento de aforistas en las sucesivas generaciones de posguerra fue exponencial, pasando de no menos de seis practicantes del género en la generación del 36, a más de doce en la segunda generación de posguerra, número que se duplicaría en la tercera generación de posguerra y se multiplicaría en la generación del 80, como iremos viendo en las páginas que siguen.

Entre los autores pertenecientes a la segunda generación de posguerra, los nacidos en torno a 1930, se observa una preocupación fundamental por el hombre, que enlaza con el humanismo existencial. Contamos con uno en lengua valenciana (Joan Fuster) y otro de manifestación póstuma (Carlos Castilla del Pino). También hallamos seguidores de Ramón Gómez de la Serna (María Asunción Echagüe y Luciano Castañón) y poetas con incursiones ocasionales en el aforismo (Ángel Crespo y José Ángel Valente). Pero será con la emergencia de esta generación cuando surjan autores de verdadero interés, que conocen el género a la perfección, como Cristóbal Serra, Carlos Edmundo de Ory y Rafael Sánchez Ferlosio. Los dos primeros reflexionaron certeramente sobre el aforismo. Los tres bautizaron de nuevo los suyos, siguiendo una tradición arraigada: el primero los denominó "nótulas"; el segundo, "aerolitos", y el tercero, "pecios". Por otro lado, varios poetas combinaron perfectamente el verso y el aforismo; pensemos en Vicente Núñez, Dionisia García, la primera mujer de obra aforística encomiable, y Rafael Pérez Estrada, el más literario y experimental del grupo. El caso del gaditano Carlos Castilla del Pino es paradigmático por diferentes motivos, como intento poner de manifiesto en las líneas que siguen.

Carlos Castilla del Pino (San Roque, Cádiz, 1922-Castro del Río, Córdoba, 2009) fue un neurólogo, psiquiatra y escritor de orientación marxista. Trabajó cinco años en el Instituto Ramón y Cajal de Madrid y dirigió el Dispensario de Psiquiatría de Córdoba, donde ejerció como catedrático de esa especialidad. Sus abundantes escritos pueden agruparse en dos categorías: estudios académicos y ensayos críticos, a los que hay que añadir una esclarecedora y celebrada autobiografía en dos volúmenes: *Pretérito imperfecto* (1997) y *Casa del olivo* (2004). Entre sus trabajos académicos sobresalen: *Un estudio sobre la depresión: fundamentos de antropología dialéctica* (1966), *La culpa* (1968) y *Teoría de los sentimientos* (2000). De sus ensayos críticos cabe destacar: *El humanismo "imposible"* (1968), *Dialéctica de la persona, dialéctica de la situación* (1968) y *Temas. Hombre, cultura, sociedad* (1989). Todos ellos obedecen a un mismo propósito, que opera implícitamente como principio generador de una visión del mundo: el deseo de trascender las limitaciones de un concepto "personalista" del ser humano, generador de una antropología dialéctica que le considera inseparable de la estructura social o de la "situación" histórica en que vive.

Además de numerosos estudios y ensayos, tan comentados en su época, Castilla del Pino es autor de una tardía colección de aforismos, sobre la que nos detendremos aquí. Estos aforismos tienen su origen en los numerosos cuadernos que el autor acostumbraba a llevar consigo, en los que iba anotando ideas, citas de libros y retazos de conversaciones que le salían al paso durante el periodo de investigación y preparación de sus trabajos. El libro lleva por título *Aflorismos. Pensamientos póstumos*; consta de 844 anotaciones escritas en el tramo final de la existencia del autor, entre los años 2003 y 2009; se abre con un lema ciertamente significativo de Samuel Johnson: "Tal vez un día el hombre cansado de preparar, explicar, convencer, llegue a escribir sólo aforismos", y se publicó póstumamente en 2013, al cuidado de Celia Fernández Prieto. Como especifica Castilla del Pino en la "Nota preliminar", el aflorismo remite a "algo oculto, olvidado o en gestación" que, según el Diccionario de la Real Academia Española, "surge o aparece". Y se diferencia no sólo de la sentencia o de la máxima, sino también del aforismo de tipo tradicional, en que el suyo no es concluyente, sino incitador. Para decirlo con sus propias e ingeniosas palabras: "El aforismo concluye. El aflorismo comienza; no acaba donde concluye" (Castilla, 2011: 15).

Escritos a continuación de sus dos volúmenes de memorias, los aflorismos de Castilla del Pino constituyen un personal *breviarium vitae*, donde el escritor verbaliza sus principales preocupaciones en pos de lo que los moralistas llaman *una vida buena*. Entre los temas recurrentes, aquellos que superan la veintena de aforismos, destacan: la idea de la realidad, la imagen del hombre, la necesidad de la escritura y la presencia del otro. Para el autor, la realidad está constituida por "las cosas que están *ahí* y las que existen en nuestra cabeza" (790). Así puede aducir, *cum grano salis*: "Lo que nos figuramos que es la realidad es la realidad. Si no, ¿dónde está la otra?" (139). Es comprensible, por tanto, que abunde en la necesidad del arte y en la defensa irrenunciable de la escritura: "Escribir: no querer morir" (149). Otro de los temas preferentes del libro es la imagen del hombre y sus afecciones, derivadas de sus necesidades, temores, rechazos, valores y preocupaciones; un hombre, al cabo y a la postre, situado: "Una fuente de error: la primacía del hombre sobre su contexto. El hombre es componente –uno más–, de su contexto. O sea, el hombre es su contexto" (189); un hombre que, en todo caso, no es nada sin el otro (los otros, su prójimo): "Los demás son parte de uno mismo. Nadie es sino con los demás" (32).

Los aforismos de Carlos Castilla del Pino, al igual que sus abundantes ensayos académicos y divulgativos, pueden y deben leerse en clave humanista, habida cuenta de su interés prioritario por la incierta condición humana y la naturaleza del saber; dicho de otra manera, por la necesidad de una comprensión del hombre histórico y la exigencia de una justificación del conocimiento, como puso de manifiesto en sus dos ensayos primerizos: *El hu-*

manismo "imposible" y *La naturaleza del saber,* imprescindibles para entender su pensamiento y reeditados en varias ocasiones (Castilla, 1975). La propia Celia Fernández Prieto lo advierte en la "Presentación" del libro: "Quizá de manera especial se revelan afanes e inquietudes humanistas, muy íntimamente arraigados, por hacerse una vida buena (un anhelo ya latente en las dramáticas narraciones de los dos volúmenes de memorias que había publicado recientemente)" (Fernández, 2011: 11). Se trata, eso sí, de un humanismo singular, que el propio autor califica de "imposible", al tiempo que algunos estudiosos, como es el caso del citado Thomas Mermall, lo incluyen dentro del humanismo marxista, mientras que otros preferimos denominarlo humanismo situado.

Carlos Castilla del Pino entiende el humanismo no en sentido estricto, en tanto movimiento renacentista, basado en el redescubrimiento del saber clásico, sino en sentido amplio, en cuanto concepción del mundo, sustentada en el redescubrimiento del hombre en cuanto hombre, como advirtió Burckhardt. Se trata de un humanismo concienciador, ligado a la aparición del pensamiento científico, a la conciencia del hombre en tanto que poder sobre la naturaleza y sobre sí mismo. Frente a los diferentes movimientos antihumanistas –tanto el cristiano, actualizado por el teólogo Henri de Lubac, como el ateo, representado por Martin Heidegger–, Castilla del Pino considera que –cito literalmente– "el verdadero humanismo ha sido siempre el realismo de su tiempo" (1975: 24), cuya doble finalidad consiste en la *desalientación* religiosa y en la *religación* con lo netamente humano. Lo que le induce, a fin de cuantas, a esta conclusión: "El pensamiento humanista es de todo punto una instancia desalienante y liberadora" (1975: 29). El autor de *Aflorismos* es perfectamente consciente, por lo demás, del difundido y entorpecedor miedo a la racionalidad humana, vinculado al "miedo a la libertad" denunciado por Erich Fromm, y no puede por menos de lamentar la consecuente y alienadora "falsa conciencia", producto inevitable de aquellas concepciones del mundo fuertemente ideologizadas.

Tras la pérdida casi general del sentimiento religioso, el humanismo ateo es, en palabras de Castilla del Pino, "el humanismo auténtico, el humanismo posibilitador" (1975: 35). Un humanismo, en todo caso, situado en un medio social concreto y en un modo de producción determinado, el capitalista, por utilizar la terminología del marxiana. Ahora bien, en esta situación de intereses principalmente materialistas, el *homo economicus* –el término es de Spranger– se ha convertido en competidor, enemigo del otro hombre. El carácter alienador del modo de producción capitalista convierte al ser humano de hoy en el *hombre unidimensional* del que habla Herbert Marcuse. "La antigua división en señores y esclavos –asevera Castilla del Pino– se ha perpetuado en la forma, muchas veces anónima, de productor y consumidor" (1975: 38). Llegados a este punto, el ser humano se ve abocado a la retracción en sí mismo, a solas consigo mismo. La alienación que lo sobrenatural deparaba se ha convertido en alienación egotista. Y el "humanismo competitivo" deviene, inevitablemente, en un humanismo "imposible", de manera que la condición imprescindible para que pueda darse un humanismo auténtico consiste en la reversión del presente histórico, en "la mutación total del sistema" (1975: 47).

AFORISMOS

El aforismo concluye. El aflorismo comienza; no acaba donde concluye.

No te exhibas. Que los demás te descubran.

La vejez comienza cuando no hay proyecto.

La intimidad existe para descansar de las otras formas de vida.

Desconocer la piedad: ignorar al otro, lo que le sucede al otro, lo que les pasa a los demás.

Lo que nos figuramos que es la realidad es la realidad. Si no, ¿dónde está la otra?

Hacer que las cosas hablen, y contarlo después: eso es pintar (o escribir: una forma de pintar con palabras).

La memoria es un instrumento con el que nos hacemos: somos lo que recordamos.

La experiencia es ir desde recuerdo de lo que se hizo al proyecto de lo que se ha de hacer.

Uno se adapta a la realidad como mal menor. Porque lo que en realidad desea es el placer.

No habría arte si no estuviéramos necesitados de otras vías de conocimiento distintas a las que usamos habitualmente.

Cuando la vida es un proyecto, eso que llamamos destino o azar quedan englobados en él.

Tres estadios: ver, mirar, observar. Ver todo, mirar algo, observar lo que se debe.

Admirar es lo opuesto a envidiar. El que admira no compite con el admirado; reconoce su valor y aprende de él. En todo caso, lo emula.

Deberíamos aprender a vivir con arte, a dar un rango estético a cada acto de nuestra vida.

No hace falta imaginarse lo infinitamente grandioso en un dios. Lo es el mundo, que existe y está aquí, y somos de él.

La relación del sujeto con la realidad es un duelo.

Uno tiene que desafiar a la realidad, medirse con ella.

La cara no es el espejo del alma, sino su máscara.

De ser espejo, en todo caso es cóncavo o convexo.

Ningún cínico es feliz, porque es incapaz tomarse en serio lo que en realidad le importa. El cínico es un manifiesto desgraciado.

Madurez: conciencia de la propia limitación; conciencia de la necesidad del otro, de los otros.

Se cree lo que conviene: ésa es la función de la creencia.

La muerte no es lo último. Lo último es la nada.

TERCERA GENERACIÓN DE POSGUERRA
EUGENIO TRÍAS

A principios de los años setenta, la tercera generación de posguerra (también llamada generación del 68 por el eco que obtuvieron los movimientos del mayo francés) sentó las bases para que la práctica del género aforístico se normalizarse en nuestras letras. La modernización del país se distancia a ojos vista del régimen dictatorial. Los llamados "nuevos filósofos", entre los que destacaban Eugenio Trías y Fernando Savater, reivindicaron la figura de Friedrich Nietzsche, maestro del género, como filósofo de la posmodernidad. Fernando Savater tradujo y presentó a Emil Cioran, pensador rumano y escritor en lengua francesa, en la meritoria editorial Taurus. Seguidamente se dio a conocer la obra de Maurice Blanchot, estudioso del pensamiento fragmentario, y de Elias Canetti, pensador búlgaro y escritor en lengua alemana, a quien Mario Muchnik publicó por extenso en su editorial. Y no tardaron en aparecer traducciones de los principales aforistas europeos, clásicos y modernos, entre los que destacan La Rochefoucauld y Chamfort, Lichtenberg y Joubert. Estaban sentadas las bases para que, a partir de los años ochenta, se produjese una eclosión del género y los autores jóvenes afianzasen la práctica de la escritura aforística.

La tercera generación de posguerra, que comprende a los nacidos en torno a los años cuarenta y que empezaron a publicar a finales de la década de los años sesenta, duplicaron el número de aforistas respecto a la generación anterior. Entre la veintena cumplida de autores que han merecido el reconocimiento de las antologías, cabe destacar a los siguientes: Carlos Pujol, Francisco Álvarez Velasco, Guillermo Puerto, Eugenio Trías, Vicente Verdú, Andrés Ortiz-Oses, Emilio López Medina, José Luis Cuerda, Ángel Guinda, Rafael Argullol, Manuel Feria, Miguel Cabo Rosa, Ricardo Martínez Conde, Ángel Gabilondo, Patxi Andión. Otros han permanecido orillados, como Agustín Villar, Rafael del Hierro o Antonio Merayo. Algunas obras de esta generación se han convertido en puntos de referencia ineludibles, como *La dispersión* (1970), de Eugenio Trías, *El cazador de instantes* (1996) de Rafael Argullol o *Experiencia / Existencia* (2006) de Andrés Ortiz-Osés. Hoy podemos decir, sin miedo a equivocarnos, que con esta generación y la generación de los 80, a la que he de referirme más adelante, se produjo la normalización definitiva del género más breve. En esta ocasión voy a detenerme, así sea brevemente, en Eugenio Trías.

Aunque no es el único filósofo español de posguerra seducido por la escritura fragmentaria, Eugenio Trías (Barcelona, 1942-2013) puede considerarse como un caso ejemplar, paradigmático de aforista de orientación filosófica o cognitiva, no sólo por haber sido uno de los primeros pensadores de posguerra que recurre a esa modalidad expresiva, sino también por la originalidad de la misma. Después vendrían otros, como Rafael Argullol, Andrés Ortiz-Osés o Rafael del Hierro, que contribuirían a la definitiva consolidación del género aforístico. *La dispersión* (1971), libro de aforismos de raigambre nietzscheana con el que Trías cerraba la primera etapa de su producción filosófica –tras *La filosofía y su sombra* (1969), *Filosofía y carnaval* (1970), *Teoría de las ideologías* (1971) y *Metodología del pensamiento mágico* (1971)–, fue una de las obras más rupturistas e innovadoras de los jóvenes filósofos españoles que, a principios de los años setenta, presentaban a Nietzsche como iniciador de un "nuevo criticismo".

En el "Prólogo a la segunda edición", Trías se pregunta por los motivos que le llevaron a elegir la forma aforística para la plasmación de las ideas y los argumentos filosóficos que se querían desarrollar en el texto. Aparte de la influencia de Nietzsche, de la que no reniega en absoluto, su escritura fragmentaria responde, en primer lugar, a la necesidad de renovar la tradición universalista y teleológica de la filosófica clásica greco-cristiana y, en segundo término, a la necesidad de escenificar la "inocencia del devenir" (Trías, 2006: 13-15). Así, podemos leer en la sección "Signos de dispersión": "No es lo 'absoluto' la dispersión, sino que brota de su abolición y absolución. Es pues lo suelto y lo absuelto" (2006: 18). Y en la sección "El hilo del discurso", precisa de manera apodíctica: "La dispersión es a la vez aquello de que se habla y el modo cómo se habla de aquello de lo que se habla" (2006: 65).

Mediante la escritura fragmentaria, el futuro "filósofo del límite" reflexiona acerca de la "dispersión", al tiempo que pone en escena esa dispersión, es decir, la escenifica. Para ello recurre a los diferentes tipos de fragmentos, acaso de manera indiscriminada, lo que sin duda constituye el aspecto más discutible de la obra. En *La dispersión* se entremezclan: el fragmento dependiente, que no es sino un momento dialéctico de un conjunto más vasto; la forma aforística, breve y concentrada, que en calidad de fragmento ya es completa; el fragmento independiente, vinculado al momento de la búsqueda; el fragmento que se sitúa fuera del todo, de cualquier todo, y exige una discontinuidad esencial (Blanchot, 1961: 187-188). El carácter experimental y, a fin de cuentas, difuso de la obra debió de ser lo que provocó el rechazo de algunos lectores, como Juan Benet, que tal vez vio en ella lo que no era: un florilegio de locuciones más parecidas a las máximas o las sentencias que a los aforismos o los fragmentos.

A pesar de su carácter fragmentario y de su desarrollo irregular, *La dispersión* comparte con las obras anteriores de su autor, de las que puede considerarse una *coda*, los rasgos propedéuticos y meta-filosóficos que le servían para acotar su propio campo de ideas y perfilar los conceptos nucleares de su aventura filosófica. El autor concibe el sujeto humano, a la manera de Nietzsche, como un *Übermench*, un artista pasional y demiúrgico, recreador de sí mismo y del mundo, conforme al principio estético de *variación*. Pero lo que le interesa ahora es delimitar la topología del conocimiento, y ese más allá donde reina la dispersión: "un signo que solo designa *otro* signo". De esta suerte, pudo concluir: "Un dios inocente y previo es la dispersión, un dios todavía infante que aún flota sobre las aguas en la aurora de un *primer día*" (2006: 19).

No es difícil encontrar entre los numerosos fragmentos del libro ciertas ideas nucleares de la "filosofía del límite", que el autor desarrollaría más adelante. En algunos de ellos, Trías concibe al sujeto humano, al modo de Kierkegaard, como un habitante de la frontera, situado entre lo finito y lo infinito, entre lo posible y lo imposible. También hallamos atisbos de la topología del límite, donde prima la contraposición entre lo finito y lo infinito. "Los límites de la razón, de nuestra razón presente, cortada por viejos patrones griegos, cristianos, bárbaros... Ahora comenzamos a ver algunos de esos límites. Y comenzamos también a sentir la necesidad de traspasarlos" (2006: 73), escribe. Y más adelante, separado apenas por el vacío del fragmento: "Esa razón limita al Norte, al Sur, al Este y al Oeste con el Azar y el Devenir, la Diversidad y la Diferencia" (2006: 73).

Entre la ontología estética de la *variación*, que había planteado como punto de partida, y la ontología metafísica del *límite*, que desarrollaría ulteriormente, Eugenio Trías reflexiona ahora sobre el estatuto de la "moral", a la que Nietzsche llama la Circe de los filósofos, que parte de la disolución de la persona humana, en función de las categorías fundamentales de su original "filosofía carnavalesca": *carnaval, máscara, teatro, travestí, desdoblamiento, multiplicación, condensación, retorno...* En ese marco, "los seres son efluvios del divino juego de las fuerzas, su identidad es el disfraz que enmascara lo que de hecho son: máscaras" (2006: 19). Clausurando el ciclo de la euforia, de los "derroches vitales", *La dispersión* representa una incursión azarosa en la incertidumbre, en la "inocencia del devenir", ligada a un pensamiento que sería el de la *Versuch* y el del *Versucher*. Después vendría el regreso a la mesura, al "sentido del límite". Pero esa es otra historia que deberá abordarse en otro momento.

Los libros de Eugenio Trías anteriores a *La dispersión* no hacían pensar en un posible vínculo del filósofo catalán con la tradición velada del viejo humanismo; antes bien, su pensamiento se movía en la vertiente *reactiva* de la posmodernidad, es decir, en la línea antihumanista del estructuralismo y del deconstruccionismo, bajo la égida de la arqueología cultural de Michel Foucault. Dos de los tres ensayos que conforman *La filosofía y su sombra* llevan títulos particularmente reveladores: "II. Estructura y función de la filosofía" y "III. La filosofía sin el hombre". Con *La dispersión*, esa suerte de *experimentum crucis,* en cuyos aforismos la sombra de Nietzsche es patente, el pensamiento primigenio de Eugenio Trías, determinado por los contextos de tiempo y lugar, como no podía ser de otra manera, salta hecho pedazos. Es el reflejo fehaciente de una época agitada y convulsa, el tránsito de los años 60 a los 70, "con el estructuralismo y el postestructuralismo francés, con las corrientes de la Nueva Cultura que provenían de Norteamérica en plena convulsión crítica y creadora" (Trías, 2006: 14).

Tras los aforismos de *La dispersión*, el pensamiento de Eugenio Trías sufre un cambio radical de paradigmas: "De la conciencia utópica, que en este libro está presente, como lo estaba en *Filosofía y carnaval*, fui derivando a una aguda conciencia de los límites" (2006: 15). Pasa así de la vertiente negativa, reactiva, deconstruccionista de la posmodernidad, a la vertiente afirmativa, *resistente*, constructiva de la misma, con la filosofía del límite como horizonte, anunciada ya en el prólogo a *Filosofía del futuro*, y la razón fronteriza como método de acceso al conocimiento de la condición humana, expuesto de manera admirable en *Ética y condición humana*. En esta fase de su obra, Eugenio Trías se acerca al humanismo teórico, el que parte de la necesidad de la comprensión del hombre histórico y de la necesidad de una justificación del conocimiento, en el marco que la estudiosa alemana Astrid Melzer-Titel ha llamado *Modernidad del sur* y en la modalidad que Andrés Ortíz-Osés denomina *Filosofía del sentido* (2005: 85-101).

AFORISMOS

Una vocación lingüística es la dispersión –una holganza a través de las palabras y las cosas.

El pensamiento es auténtico si cambia siempre de lugar, si es nómada.

El dilema es o preguntar o cantar.

La repetición deja de ser mecánica si al repetir se excede lo que se repite.

La poesía es la verdadera ciencia exacta: esa ciencia de lo "singular" soñada desde Aristóteles.

El hombre inocente vive tantas vidas cuantas le permite su capacidad de inocencia.

La "buena fe" hace estragos: conduce siempre al inocente a la hoguera.

El dios de la Biblia a veces se sentía todavía satánico y "se divertía jugando con los hombres".

Escribir es inscribir algo en la carne. Es tatuar lo que se lee.

Con frecuencia la crítica informa más acerca del crítico que acerca de lo que este critica.

¿Cuándo se escribirá una "verdadera crítica" que tome el pensamiento a flor de piel, como escritura?

Una odisea en el espacio es mi vida, un dardo lanzado más allá del infinito.

La novedad no se soporta, siempre la revestimos a tiempo de signos familiares.

No basta con denunciar los pseudoproblemas. Hay que buscar las secretas razones de los mismos.

Siempre termina por hallarse una instancia unificadore que difumine las diferencias.

El hombre es ese animal que hace de la animalidad su propia sombra.

A fuerza de repetir los papeles que la sociedad nos asigna terminamos por "creérnoslos".

Cuanto más se asciende o "viaja", menos factible es la "comunicación"... a menos que encontremos compañeros en la escalada...

El caos es el único principio inteligente, si se sabe al fin que la inteligencia es siempre errabunda y nómada.

El aforismo o el pensamiento en su pura materialidad de escritura.

Mantenemos un frenopático dentro de nosotros. Nuestra conciencia es el guardián y el psiquiatra.

Frente a la unificación de los sexos propondría su definitiva dispersión...

Pensar es un atentado contra lo que habitualmente se entiende por pensar.

Generación del 80, o de la "Transición"
Ramón Eder

Los escritores de la generación del 80 (nacidos en torno al año 1957 y que empezaron a publicar a finales de los años setenta y primeros de los ochenta) asistieron con asombro a la transición política de una dictadura a una democracia, en el marco de una crisis internacional de la energía que desestabilizó el panorama mundial y provocó inflación y paro por doquier. En 1982, el PSOE accedió al gobierno de la nación, que iba a renovar en las elecciones de 1986, iniciando una nueva etapa en la historia nacional. Ese mismo año, España ingresó en la OTAN y, cuatro años después, en la Comunidad Económica Europea, con lo que se consolida su puesto en el concierto de las naciones. A partir de 1975, por lo que respecta al campo de la literatura, que es el que aquí nos interesa, se modera el experimentalismo de la generación precedente, comienzan a distinguirse diferentes corrientes artísticas y literarias, con propensión al eclecticismo y una mentalidad declaradamente pragmática. Había comenzado a debatirse hasta el cansancio la tan traída y llevada posmodernidad.

La escritura aforística se normaliza y los cultivadores del género más breve se multiplican exponencialmente. Baste recordar los nombres que aparecen en dos de las antologías más representativas de los últimos años, *Pensar por lo breve* y *El cántaro a la fuente* (muchos de los cuales han sido recogidos con posterioridad en el portal de la Biblioteca Virtual Miguel de Cervantes): Manuel Neila, Javier Salvago, Álvaro Salvador, Ángel de Frutos Salvador, Enrique Baltanás, Ramón Eder, Fernando Menéndez, Andrés Trapiello, Fernando Menéndez, Luis Valdesueiro, José Luis Gallero, Ramón Andrés, Rafael Marín, Carmen Canet, Gregorio Luri, Juan Kruz Igerabide, Florencio Luque, José Luis Morante, Miguel Ángel Arcas, Ricardo de la Fuente, Luis Felipe Comendador, Miguel Catalán, Elías Moro, Karmelo C. Iribarren, León Molina, Fernando Aramburu, José Luis Argüelles, Jaime Fernández, José Ángel Cilleruelo, Carlos Marzal, Pere Saborit, Javier Bozalongo, Karlos Linazasoro, Roger Wolfe, Antonio Rivero Taravillo, José Mateos, José Manuel Benítez Ariza, Javier Sánchez Menéndez, Mario Pérez Antolín, Ricardo Virtanen. Aunque en la mayoría de los casos compatibilizan el aforismo con otras modalidades literarias (la poesía, la narrativa o el ensayo), no faltan autores que practican el género más breve con exclusividad; tal es el caso de Ramón Eder, José Luis Gallero o Carmen Canet, entre otros.

La mayor parte de los aforistas muestran una inclinación ética o moral; es decir, se ocupan de las costumbres, los caracteres y las maneras de vivir y de actuar. Ahora bien, dependiendo del carácter y la formación de cada quien, unos discurren por la vertiente de la ética, mientras que otros lo hacen por la ladera de la moral, dando a estos términos el sentido que les confiere André Comte-Sponville en su personal *Diccionario Filosófico* (2005: 205-206). En el primer caso, se recurre a un discurso normativo o imperativo, sustentado en el Bien y el Mal como valores absolutos o trascendentes; mientras que en el segundo se busca un discurso normativo, pero no imperativo, resultado de la oposición entre lo *bueno* y lo *malo* como valores sencillamente relativos. La moral, que responde a la pregunta "¿qué debo hacer?", está formada por un conjunto de deberes, obligaciones y prohibiciones; la ética, a la pregunta: "¿cómo vivir?", y está configurada por un conjunto jerarquizado de conocimientos y elecciones personales.

Ramón Eder Labayru (Lumbier, Navarra, 1952) es un aforista singular, incómodo y necesario. Estudió filosofía en la Universidad de Vincennes, y no ha mostrado hasta la fecha el menor interés por los géneros literarios mejor vendidos, como la novela de mercado o el ensayo de divulgación. Cuando consigue interesarse por alguno de los géneros históricos, como pueden ser la poesía lírica (*Axaxaxas Mlö, Lágrimas de cocodrilo*) o el relato breve (*La mitad es más que el todo*), lo hace con actitud irónica y con ánimo intempestivo. Durante las últimas dos décadas cultiva con innegable fortuna el género aforístico, al que pertenecen sus últimos libros publicados hasta el día de hoy: *Hablando en plata* (2001), *Ironías* (2007), *La vida ondulante* (2012), en el que añade *Pompas de jabón* a los dos anteriores, *El cuaderno francés* (2013), *Relámpagos* (2013), *Aire de comedia* (2015), *Ironías* (2018), en el que recopila todos sus libros anteriores, *Pequeña galaxia* (2018), selección de sus aforismos sobre el aforismo, *Palmeras solitarias* (2018), *El oráculo irónico* (2019), *Café de techos altos* (2020) *Aforismos y serendipias* (2021), *Aforismos del Faro de la Plata* (2022), selección realizada y prologada por Carmen Canet, y *Los regalos del otoño* (2023).

Este escritor navarro es todo lo contrario de un aforista convencional, pues conoce los mecanismos del pensamiento breve, al igual que los riesgos que acechan a esta modalidad expresiva, como advierte en algunos de sus escritos, sobre todo en el aparecido en la revista *Claves de razón práctica* (2012), y como ratifica posteriormente en el "Epílogo" con que cierra *Ironías,* titulado "Elogio del aforismo". Para Ramón Eder, el aforismo moderno es una forma de expresión breve, concentrada y cerrada, con visos de agudeza y pretensión de veracidad. O a su modo: "El aforismo es una manera de pensar sintética y ligeramente poética que se expresa con las mínimas palabras posibles". Y concluye con tino: "Pero también es una manera de decir crítica y radical de tendencia ilustrada que no excluye la paradoja y que se opone a las rutinas mentales" (Eder, 2007: 132).

Entre los aforismos agavillados por Ramón Eder en ese volumen predominan los de inclinación ética o de costumbres, en la línea de Juan Varo, Carlos Marzal o José Luis Gallero, aunque tampoco escasean los dichos metafóricos o literarios. La ironía se manifiesta, además de hacerlo como figura de pensamiento, mediante el empleo de una amplia serie de recursos estilísticos, como pueden ser: las expresiones coloquiales, los fragmentos de conversaciones, los juegos de palabras o las variaciones humorísticas sobre frases hechas. Repárese en los siguientes ejemplos: "Muchos novelistas son poetas que quieren llegar a fin de mes". "¡El horror! ¡El horror!, de acuerdo, pero con paréntesis de dicha". "Nunca los esclavos han tenido tanta libertad como hoy en día". "El que se duerme en los laureles se despierta en un campo de minas".

Pero el autor de *Ironías* sabe que el rasgo particular, distintivo del pensamiento aforístico moderno es, sin ningún género de dudas, su carácter metafórico o figurado; de hecho, la personalización y la fragmentación del pensamiento son rasgos esencialmente poéticos. Ese "carácter figurado" se manifiesta aquí mediante el empleo de un lenguaje con cualidades propias del discurso poético y la utilización de una gama amplia de tropos, como pueden ser: la comparación, la metáfora, la personificación o la correspondencia. Repárese, al respecto, en estos aforismos tomados al azar de la misma obra: "Algunos escritores escriben como secretarias de su voluntad de poder". "Un buen aforismo es un relámpago en las tinieblas". "A veces el espejo nos echa un sermón". "Muchas veces he intentado echar raíces, pero siempre me lo han impedido las alas".

Ramón Eder no conseguirá ser, a lo que parece, un prolífico escritor de *best sellers*. El camino emprendido le lleva por otros derroteros menos exitosos y excesivamente transitados, lo que no le impide mostrarse como una conciencia vigilante, como un humilde y honesto formador de librepensadores. "Porque los escritores de aforismos, más que buscar la verdad, como arqueros lanzan sus flechas contra las mentiras sociales, religiosas, literarias, políticas o religiosas". Y esto, ya se sabe, no interesa a nadie. O mejor: sólo interesa a quienes persisten en el empeño de pensar por sí mismos acerca de los grandes temas de la experiencia humana. En cualquier caso, a Ramón Eder no le coge desprevenido este hecho; por eso advierte: "Si perturbas la rutina mental de tus contemporáneos, no esperes sinecuras, ni palmaditas en la espalda".

La aforística de Ramón Eder, como los de la mayor parte de sus coetáneos, presenta una conformación humanística de marcado carácter literario. A diferencia de Eugenio Trías, que procede del ámbito estrictamente filosófico, el autor de *El oráculo irónico* llega a la escritura aforística desde el ámbito literario; sus primeras publicaciones pertenecen al género poético o al del relato corto, como acabamos de ver. Se sitúa, pues, a medio camino entre la ladera racional, apodíctica, demostrativa del lenguaje filosófico y la vertiente figurativa, originaria, indicativa del lenguaje poético, que hunde sus raíces en el pensamiento humanístico, repleto de imágenes, cuyos nexos no proceden de modo ra-cional, causal, sino que se manifiestan en visiones imaginativas metafóricas. Así, puede decir: "Las vacas sagradas de la literatura de vez en cuando mugen", o también: "La vida bien entendida es una alegre huida hacia adelante", e incluso acompañar algunos aforismos como estos con imágenes emblemáticas de un arquero. Frente al lenguaje apodíctico, lógico, deductivo de la filosofía racional (en sus manifestaciones idealistas, dialécticas o positivistas) nuestro autor opta por el lenguaje noético, inventivo, patético de la filosofía originaria.

Si los aforismos de Eugenio Trías se inscriben dentro del humanismo *teórico*, los de Ramón Eder representan a la perfección el humanismo *práctico*, en el sentido que André Comte-Sponville confiere a estos términos (2005: 260-261). La verdadera cuestión consiste, al decir del filósofo francés, en saber si hay que creer en el hombre para desear el bien de los individuos (humanismo teórico) o si es posible desear su bien sin hacernos ilusiones acerca de la condición humana (humanismo práctico). Humanista escéptico como Montaigne, a quien cita en varias ocasiones, materialista sin ilusiones, como La Maître, el aforista navarro considera que el valor de los hombres no les hace merecedores de respeto, más bien al contrario, es el respeto el que les confiere su valor. Con *agudeza y arte de ingenio* (otro de los rasgos definidores del pensamiento humanista), diferencia entre los grandes escritores de aforismos *lúgubres* (La Rochefoucauld, Schopenhauer, Cioran) y los grandes *irónicos* (Lichtenberg, Oscar Wilde, S. J. Lec, Jules Renard). A juzgar por su amplia obra aforística, que ya alcanza los diez volúmenes, Ramón Eder prefiere la compañía de los aforistas *humorísticos*, antes que la de los *sepulcrales*, para huir de la cárcel de la melancolía.

AFORISMOS

Nadie es tan poca cosa que no ocupe exactamente el centro del universo.

El momento de la verdad nunca llega, el momento de la verdad nunca se va.

La vida bien entendida es una alegre huida hacia adelante.

La vida es una ficción basada en hechos reales.

Envejecer es el precio que hay que pagar por tener buena salud y buena suerte.

Un buen aforismo es un relámpago en las tinieblas.

Había llegado a la situación de que para ser feliz ya tenía que hacer trampas.

La inocente alegría de los que no saben todavía que la vida iba en serio.

Cuesta mucho perdonar al que hemos ofendido.

Procurar no hacer daño a los demás no te hace bueno, pero impide que seas un miserable.

Sin compasión no hay cordura.

Se fracasa tantas veces en la vida que todos nos convertimos en actores expertos en disimular nuestros fracasos.

El sentido del humor nos pone a la altura de los grandes filósofos pesimistas.

El ingenio siempre ha irritado a los que no lo tienen.

La alegría convierte el caos en un cosmos.

Al tiempo que vivimos es bueno añadirle fragmentos de eternidad.

Hay elogios que son como navajas de Albacete.

Somos una minúscula parte del universo consciente de ser una minúscula parte del universo.

Uno nunca se arrepiente de haber sido feliz.

Una sociedad que sólo valora el éxito es una sociedad condenada al fracaso.

Sonreír es vencer la ley de la gravedad.

Ser anacrónico en un mundo idiota puede ser una forma de rebeldía.

Haber nacido una vez es tan asombroso que es normal que nos creamos ya cualquier cosa.

Abrió un paréntesis en su vida y se olvidó de cerrarlo.

REFERENCIAS BIBLIOGRÁFICAS

Álamos de Barrientos, Baltasar (1987). *Aforismos al Tácito español* (Ed. de J. A. Fernández-Santamaría). Madrid: Centro de Estudios Constitucionales.

Bacon, Francis (1988), *El avance del saber* (Introd. de Alberto Elena y Trad. de María Luisa Balseiro). Madrid: Alianza Editorial.

Blanchot, Maurice (1961). "*Memorandum* sur 'Le cours des choses'", *Lignes*, n° 11.

Castilla del Pino, Carlos (1975). *El humanismo "imposible", seguido de Naturaleza del saber*. Madrid: Taurus Ediciones.

─(2011). *Aflorismos. Pensamientos póstumos*. Barcelona: Tusquets Editores.

Comte-Sponville, André (2005). *Diccionario filosófico*. Barcelona: Paidós.

Eder, Ramón (2007). *Ironías*. Zaragoza, Editorial Eclipsados.

─(2022). *Aforismos del faro de la plata*, Oviedo, Libros del Aire.

Fernández Muñoz, Demetrio (2020). *La lógica del fósforo. Claves de la aforística española*. Sevilla: Apeadero de Aforistas / Thémata Editorial.

Fernández Prieto, Celia (2011). Nota preliminar a Carlos Castilla del Pino, *Aflorismos. Pensamientos póstumos*. Barcelona: Tusquets Editores.

González, José Ramón (2013), *Pensar por lo breve. Aforística española de entresiglos. Antología (1980-2012)*. Gijón: Trea.

Martín, Francisco José (1999). *La tradición velada. Ortega y el pensamiento humanista*, Madrid: Biblioteca Nueva.

Mermall, Thomas (1978). *La retórica del humanismo. La cultura española después de Ortega*. Madrid: Taurus.

Ortiz-Osés, Andrés (2005). *Experiencia/Existencia*. Barcelona: March Editor.

Tierno Galván, Enrique (1964 a). *La realidad como resultado*, Río Piedras: Ediciones de la Universidad de Puerto Rico.

—(1964 b). *Humanismo y sociedad*. Barcelona: Seix Barral.

—(1971). *Escritos 1950-1960*. Madrid: Tecnos.

Trías, Eugenio (2006). *La dispersión*. Madrid: Arena Libros.

Trullo José Luis y Manuel Neila (2020), *El cántaro a la fuente. Aforistas españoles para el siglo XXI*. Sevilla: Apeadero de Aforistas y Thémata Editorial.

Wittgenstein, Ludwig (1957). *Tractatus logico-philosophicus* (Traducción e introducción de Enrique Tierno Galván). Madrid: Revista de Occidente.